Name   Comment

Name   Comment

Name   Comment

Name   Comment

Name   Comment

Name	Comment

Name   Comment

Name   Comment

Name   Comment

Name	Comment

Name   Comment

Name	Comment

Name   Comment

Name   Comment

Name   Comment

Name	Comment

Name	Comment

Name	Comment

Name   Comment

Name   Comment

Name   Comment

Name	Comment

Name   Comment

Name	Comment

Name   Comment

Name   Comment

Name   Comment

Name   Comment

Name   Comment

Name   Comment

Name   Comment

Name	Comment

Name   Comment

Name	Comment

Name	Comment

Name   Comment

Name   Comment

Name	Comment

Name   Comment

Name   Comment

Name   Comment

Name   Comment

Name   Comment

Name	Comment

Name   Comment

Name   Comment

Name	Comment

Name   Comment

Name　　　　　Comment

Name	Comment

Name   Comment

Name   Comment

Name   Comment

Name   Comment

Name   Comment

Name	Comment

Name   Comment

Name	Comment

Name   Comment

Name   Comment

Name	Comment

Name	Comment

Name   Comment

Name   Comment

Name	Comment

Name	Comment

Name   Comment

Name	Comment

Name   Comment

Name					Comment

www.ingramcontent.com/pod-product-compliance
Lightning Source LLC
Chambersburg PA
CBHW042357280426
43661CB00096B/1142